Michael Nimpsch

Die Kundenentscheidung am Beispiel von Supermärkten

GRIN - Verlag für akademische Texte

Der GRIN Verlag mit Sitz in München hat sich seit der Gründung im Jahr 1998 auf die Veröffentlichung akademischer Texte spezialisiert.

Die Verlagswebseite www.grin.com ist für Studenten, Hochschullehrer und andere Akademiker die ideale Plattform, ihre Fachtexte, Studienarbeiten, Abschlussarbeiten oder Dissertationen einem breiten Publikum zu präsentieren.

Dokument Nr. V162288 aus dem GRIN Verlagsprogramm

Michael Nimpsch

Die Kundenentscheidung am Beispiel von Supermärkten

GRIN Verlag

Bibliografische Information der Deutschen Nationalbibliothek: Die Deutsche Bibliothek
verzeichnet diese Publikation in der Deutschen Nationalbibliografie; detaillierte bibliografische Daten sind im Internet über http://dnb.d-nb.de/ abrufbar.

1. Auflage 2010
Copyright © 2010 GRIN Verlag
http://www.grin.com/
Druck und Bindung: Books on Demand GmbH, Norderstedt Germany
ISBN 978-3-640-76654-3

FOM Fachhochschule für Ökonomie und Management Berlin

Berufsbegleitender Studiengang Diplom Kaufmann (FH)

Referat im Rahmen des Seminars
im Fach Marketing

Wie Kunden entscheiden – das Beispiel von Supermärkten

Eingereicht von: Michael Nimpsch

Berlin, den   18.01.2010

Inhaltsverzeichnis

Abbildungsverzeichnis

1. Einleitung

Große Konkurrenz zwischen den einzelnen Supermarktketten im Einzelhandel, eine zunehmende Marktsättigung sowie immer anspruchsvollere Verbraucher führen zu einer Wettbewerbsverschärfung im Einzelhandel.

Die Evolution weg vom alt bekannten Tante-Emma-Laden hin zum Kunden und Marketing orientierten Supermarkt machte seinen Anfang in den zwanziger Jahren des 19. Jahrhunderts in Amerika und schwappte Ende der dreißiger Jahre nach Deutschland über. Das Prinzip war genauso simpel wie innovativ. Ziel war es weg zukommen vom Warenausgeber hin zum Selbstbedienungsgeschäft, in dem die Kundschaft ihre Waren selbst aus den Regalen wählt und sie am Ende ihres Einkaufs am Ausgang bezahlt. Diese Geschäftsidee griffen amerikanische Kaufleute aus zwei Gründen auf. Erstens sparte dies Personalkosten weil weniger Verkäufer benötigt wurden, und zweitens, was ökonomisch bedeutsamer ist, wurde beobachtet, dass Kunden Waren gerne in die Hand nehmen und sie letztendlich dann auch oftmals kaufen. Die Erkenntnisse, die aus diesem Geschäftsmodell gewonnen wurden, decken sich mit den heutigen Anwendungsprinzipien. Ist die Ware geschickt aufgestellt, gut aus den Regalen zu greifen und ohne Hilfe eines Verkäufers zu finden, sinkt die Befangenheit des Kunden. Dies führt heute wie damals zu einem impulsiven Einkaufverhalten des Kunden und steigert ebenfalls heute wie damals den Absatz der Waren. Eine weitere Entwicklung zum Supermarkt war die Aufgabe der kleinen Läden. Man investierte jetzt lieber in größere Verkaufsflächen von 400 bis 500 qm und eine Ladeninfrastruktur, die eine ausreichende Parkfläche für die Kundschaft bot. Mit dieser Entscheidung wurde endgültig die Abschaffung der klassischen Verkaufsform beschlossen. Man ging über in die Selbstbedienungsabteilungen, die nun mehr als 80 Prozent des Ladens bestimmten(Schwedt 2006, S.40 f.).

Diese Entwicklung vom Tante-Emma-Laden zum Supermarkt macht deutlich, dass schon vor knapp 100 Jahren Gedanken untersucht wurde, wie die Kundschaft zu beeinflussen ist und wie sie in den jeweiligen Supermarkt gelockt werden kann. Handelsunternehmen versuchen sich mithilfe von Marketingstrategien von

.

Konkurrenten abzugrenzen und ein einzigartiges Markenimage aufzubauen, welches die Supermarkttreue der Kunden und die Kauflust erhöht. In den folgenden Punkten wird näher erläutert werden, nach welchen Kriterien sich die Kunden für einen Supermarkt entscheiden und wie die Supermärkte das Kaufverhalten des Kunden am Point of Sale beeinflussen.

2. Der Knopf im Kopf, Einblicke in die menschliche Psyche

Bis zur Mitte der 90er Jahre waren sich Forscher weitestgehend einig, dass das Großhirn Sitz der Rationalität und Vernunft sei und diese den modernen Menschen leiten und er sich abgesehen von Ausnahmen kaum auf seine in tieferen Gehirnebenen liegenden niederen Instinkte und Emotionen einlässt. In den späten 90er Jahren kristallisierte sich jedoch durch weitere Hirnforschungen ein revolutionäres Ergebnis heraus. Diese Resultate stellten alle bisherigen Annahmen auf den Kopf. Es zeigte sich, dass der Mensch hauptsächlich durch seine Emotionen, das sogenannte Unterbewusstsein, geleitet wird und nicht wie vorher angenommen wurde hauptsächlich durch sein rationales Denken. Diese zwei Bewusstseinszustände werden heutzutage auch Pilot und Autopilot genannt (Häusel 2007b, S.64 ff.).

Der Pilot (explizite System) enthält kontrollierbare Emotionen und Vorgänge. Mit ihm denken wir nach und fällen bewusste Entscheidungen, wie beispielsweise den Kauf oder Nicht-Kauf eines teuren Gegenstandes nach Abwägung unserer finanziellen Situation. Die Arbeit des Piloten ist zeit- und energieaufwendig, hat jedoch den Vorteil, dass Entscheidungen effizient und nach reichlicher Überlegung getroffen werden (Häusel 2007b, S.64 ff.; Held, Scheier 2006, S.61).

Der Autopilot (implizites System) arbeitet im Hintergrund und unterbewusst. Er trifft intuitiv Entscheidungen, die rational nicht immer logisch erscheinen. In ihm werden Automatismen abgespeichert, die dann beispielsweise bei Kaffeduft den Raucher

unbewusst zur Zigarette greifen lassen. Für die Informationsaufnahme steht ein fast unbegrenzter Speicher zur Verfügung und nur ein Bruchteil des Inputs wird zur bewussten Verarbeitung an den Piloten weitergegeben (Häusel 2007b, S.64 ff.; Held, Scheier 2006, S.60).

Zusammenfassend ist zu sagen, dass der Autopilot den Großteil, nämlich bis zu 95 Prozent, des menschlichen Verhaltens, steuert, somit wirken auch 95 Prozent der Werbewirkung implizit. Der Pilot ist jedoch nicht außer Acht zu lassen, da es trotzdem noch ein Bedürfnis des Menschen ist, Entscheidungen zu rationalisieren und zu rechtfertigen. Dies haben auch die Marketingexperten der Supermärkte erkannt und reagieren mit dem sogenannten Neuromarketing auf die neu entstandene Situation und versuchen Mithilfe impliziten Marketings die Kundenemotionen und die damit einhergehenden Motive anzusprechen (Held, Scheier 2006, S.159).

2.1. Ein Einblick in das menschliche Wesen

Konsumenten unterscheiden sich in ihrem Konsumverhalten. Ein Teil wird durch funktionale Ziele, wie schneller, günstiger Warenerwerb, geleitet. Ein anderer Teil sucht beim Einkauf die Abwechslung, sinnliche Stimulierung und Erfüllung sozialer Motive, wie Anerkennung und Kommunikation .Für die zuerst angeführte Konsumentengruppe wird die Ladenstruktur eine große Rolle spielen, für die andere Gruppe hingegen wird die Atmosphäre des Supermarktes bedeutsam sein.

Diese Persönlichkeitsunterschiede sind vor allem auf die unterschiedlich starke Ausprägung der Motiv- und Emotionssysteme im Gehirn zurückzuführen. In der modernen Hirnforschung, wie schon erwähnt, herrscht weitestgehend Konsens darüber, dass Entscheidungen emotional sind. Aus diesem Grund ist es zum besseren Verständnis vonnöten die Grundmotive des Menschen zu erläutern.

2.1.1. Die Limbic Map

In einer mehrjährigen Forschungsarbeit hat die Gruppe Nymphenburg in einem Multi-Science-Ansatz die Erkenntnisse der modernen Hirnforschung, der Neurochemie, der Verhaltensgenetik und der Psychologie zu einem Gesamtmodell der Emotionssysteme der Limbic Map zusammengefasst.

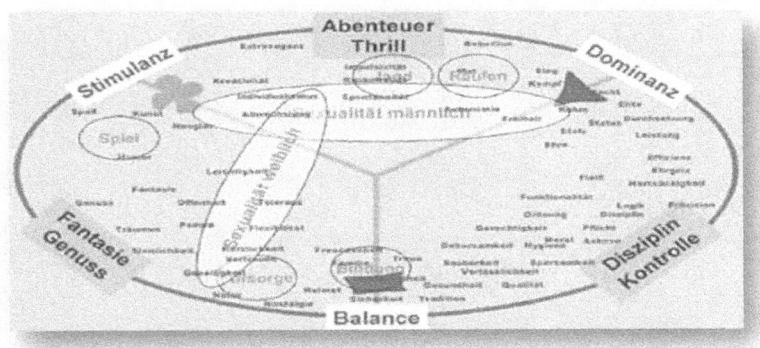

Abb. 1 Die Limbic Map, der Emotions- und Motivraum im menschlichen Gehirn
Quelle: Häusel 2007b, S.72.

Neben den Vitalbedürfnissen, wie Schlafen Hunger usw., bestimmen insbesondere die als big three bezeichneten Hauptmotive das menschliche Handeln. Da die großen Emotionssysteme meist zeitgleich aktiv sind, ergeben sich aus den

Kombinationen der sog. big three (Balance ,Dominanz und Stimulanz) insgesamt sechs Mischformen. Im Gehirn gibt es somit sechs Motiv- und Emotionsfelder (Häusel 2008, S.31f.).

1. Balance (Sicherheit, Fürsorge, Qualität, Zuverlässigkeit)
2. Kontrolle (Disziplin, Perfektion, Effizienz, Logik)
3. Dominanz (Durchsetzung, Leistung, Macht, Status)
4. Abenteuer (Regelbruch, Risikobereitschaft, Mut,)
5. Stimulanz (Neugier, Innovation, Kreativität, Individualität, Glücksspiel)
6. Fantasie (Toleranz, Flexibilität, Fürsorge).

2.1.2. Die Limbic Types

Diese grundlegenden Motivsysteme sind in jedem Kunden bzw. Menschen unterschiedlich stark ausgeprägt. Eines dieser Systeme ist im Kunden immer vorherrschend und beeinflusst die Wahl des Supermarktes maßgeblich. Hierzu gibt es eine empirische Erhebung, die die Konsumentenpräferenzen widerspiegelt. An dieser Befragung nahmen über 20000 Bundesbürger teil.

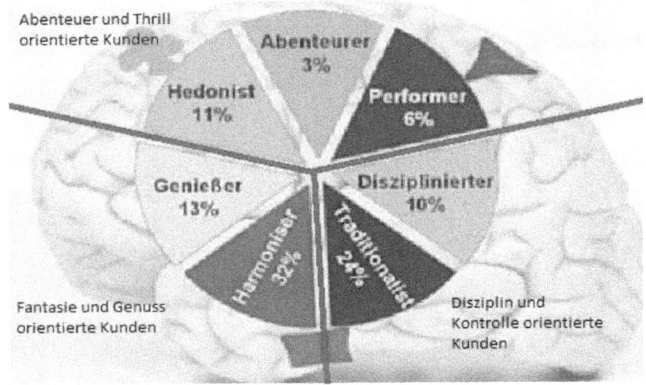

Abb. 2 Limbic Types Quelle: in Anlehnung an Häusel 2007b, S.78.

Die Bezeichnung der Limbic Types erfolgt entsprechend dem Emotionsfeld, das den jeweiligen Typ in seinem Verhalten wesentlich beeinflusst (Häusel 2007b, S.78).

Für den Performer mit einer starken Ausprägung des Dominanz-Systems, sind ein Produkt oder eine Dienstleistung dann attraktiv, wenn sie ihm einen Vorteil im Wettbewerb verschaffen. Er wird durch seinen Ehrgeiz getrieben und ein vorgenommenes Ziel wird ohne Abweichungen verfolgt. Für diesen Menschentyp sind Supermärkte und Produkte, die ein gehobenes Ansehen in der Bevölkerung haben von hoher Relevanz, da er sich von dem Besuch eines solchen Supermarktes und dem Kauf eines in dem Laden geführten Produktes eine Steigerung seines Ansehens verspricht. Er will seinen Bekannten damit demonstrieren, wenn er beispielsweise einen teureren Wein kauft, dass er der Beste ist. Da dem Performer allerdings nur bei prestigeträchtigen Gütern der Preis nebensächlich ist, bevorzugt er bei Alltagsprodukten wie Salz, Milch usw. den Discounter, um sich damit seine Cleverness vor Augen zu führen (Häusel 2008, S.105; Häusel 2007a, S.184; http://www.marketingclubberlin.de/content/view/165/148, Zugriff am 15.12.2009).

Das Balance-System prägt das Verhalten des Traditionalisten. Er prüft Ware genau und beschäftigt sich sehr lange mit Details. Auf Grund der Vormachtstellung des Balance Systems sind Traditionalisten vorsichtig und Neuem gegenüber unaufgeschlossen. Bekannte Marken erwecken bei Traditionalisten in erster Linie Sicherheit und Vertrauen. Sie möchten nicht auffallen und folgen dem Massengeschmack. Ihre Einkaufsgewohnheiten sind vergleichsweise starr. Traditionalisten sind prototypische Stammkunden, die ihren vertrauten Marken und Einkaufsstätten lange die Treue halten. Beim Einkauf sind Aspekte wie Sicherheit, Vertrauen und Qualität von großer Bedeutung. Regionale Produkte werden verstärkt gekauft (Häusel 2008, S.102 f.; Häusel 2007a, S.183; http://www.marketingclubberlin.de/content/view/165/148, Zugriff am 15.12.2009).

Der Disziplinierte, mit einer stärkeren Ausprägung im Motivfeld Disziplin/Kontrolle, lässt sich anders überzeugen. Er geht lieber auf Nummer sicher und will alles in der Hand behalten. Disziplinierte suchen keine Abwechslung. Der Genuss spielt für sie nur eine untergeordnete Rolle. Sie kaufen nur das, was sie wirklich brauchen. Dieser Menschentyp vertraut auf geprüfte Ware, wie bspw. Ergebnisse der Stiftung Warentest. Ihre Ladentreue ist hoch, sie suchen daher ihnen nur gut vertraute Geschäfte auf. Disziplinierte schätzen Geschäfte mit günstigen Preisen, geprüfter Qualität, verständlichen Leitsystemen und einem nicht allzu großen Sortiment mit nur wenigen Substitutionsprodukten. Qualität und Garantieaspekte sind daher von großer Bedeutung (Häusel 2008, S.105 f.; Häusel 2007a, S.184; http://www.marketingclubberlin.de/content/view/165/148, Zugriff am 15.12.2009).

Beim Harmoniser hat das Balance-System einen hohen Einfluss. Er ist optimistisch und räumt der Familie und sozialer Harmonie einen hohen Stellenwert ein. Produktgruppen rund um Heim und Herd, Wellness und Genuss sind für Harmonisierer von besonderer Bedeutung. Sie haben eine hohe Einkaufsstättentreue und bevorzugen preisgünstige Produkte aus der Region oder Handelsmarken, die sie aus finanziellen Gründen auch bei Discountern einkaufen. Ausführliche Beratung gibt ihnen ein Gefühl von Sicherheit, Vertrauen und Qualität (Häusel 2008, S.103; Häusel 2007a, S.183; http://www.marketingclubberlin.de /content/view/165/148, Zugriff am 15.12.2009).

Bei den Genießern sind beide Hirnhälften aktiv. Sie lieben Produkte, die einen hohen Genuss versprechen, und achten dabei auf Qualität und die Verwendung natürlicher Rohstoffe. Gesundheits- und Wellnessprodukte sowie Dienstleistungen mit Wohlfühlcharakter sind für Genießer sehr wichtig. Genießer sind spontan und folgen dem Puls der Zeit. Ihre Einkaufsstättentreue ist eher gering. Sie bevorzugen große Einkaufszentren mit angeschlossener Erlebnisgastronomie sowie exklusive Geschäfte und Boutiquen (Häusel 2008, S.105 f.; Häusel 2007a, S.184; http://www.marketingclubberlin.de/content/view/165/148, Zugriff am 15.12.2009).

Der Hedonist (Stimulanz) ist immer auf der Suche nach dem Neuem, der nächsten Belohnung. Das Schrille und Extravagante ist wichtig für ihn. Qualität und Herkunft eines Produktes spielen für ihn hingegen kaum eine Rolle. Hedonisten sind die Käufertypen, die sich als Erste mit neuen Trends und Produkten beschäftigen. Sie sind die klassischen Impulskäufer, die viel und gerne einkaufen, auch wenn sie das Produkt nicht unbedingt brauchen. Die Einkaufsstättentreue der Hedonisten ist eher gering. Sie sind häufig in Supermärkten mit hohem Erlebniswert anzutreffen (Häusel 2008, S.104; Häusel 2007a, S.182; http://www.marketingclubberlin.de/content/view/165/148, Zugriff am 15.12.2009).

Die Abenteurer zeichnen sich durch eine extrem hohe Risikobereitschaft aus. Als erlebnisorientierte Menschen wollen sie sich durchsetzen und sich etwas beweisen. Stehen ihnen dabei gesellschaftliche Konventionen im Weg, werden diese kompromisslos gebrochen. Produkte für Abenteurer müssen Grenzen sprengen und Regeln brechen. Entertainment und Spaß stehen bei ihnen im Vordergrund. Alkoholische Getränke zählen neben Unterhaltungselektronik, Mode- und Sportartikeln zu den wichtigsten Produktgruppen. Geschäften mit hohem Erlebnis- und Unterhaltungswert geben Abenteurer den Vorzug, ihre Einkaufsstättentreue ist praktisch gleich null (Häusel 2008, S.104 f.; Häusel 2007a, S.182; http://www.marketingclubberlin.de/content/view/165/148, Zugriff am 15.12.2009).

Desweiteren dürfen Faktoren hinsichtlich des Geschlechtes und des Alters nicht außer Acht gelassen werden. Bei älteren Menschen sinken die Innovations- und Risikobereitschaft sowie der Wille, besser zu sein als andere. Dafür wächst das Bestreben nach Sicherheit und Zuverlässigkeit. Junge Kunden sprechen auf Botschaften an, die auf Motiv- und Emotionsfelder Dominanz, Revolution und Stimulanz zielen. Bei Älteren sind es hingegen die Felder Balance und Kontrolle (Häusel 2007b, S.81 f.).

Vereint man die Ergebnisse der modernen Hirnforschung mit der Evolutionsbiologie und der Psychologie ergibt sich das Fundament jeder Markenpositionierung. Erfolgreiche Marken unterscheiden sich von weniger erfolgreichen dadurch, dass sie die richtigen Knöpfe im limbischen System drücken und einen festen Platz in diesem menschlichen Motiv- und Werteraum einnehmen, also ganz bestimmte Motive und Werte ansprechen und diese daraus entstehende Positionierung im Kopf des Konsumenten hegen und pflegen (Häusel 2007a, S.196).

2.3. Die Anziehungskraft der Supermärkte am Beispiel der Discounter

Der Discounthandel ist stark umkämpft. Die Sortimente werden immer austauschbarer und die Preise vergleichbarer. Aus diesem Grund wählt der Kunde das Geschäft, das in seinem Gehirn die meisten positiven Emotionen einschließlich des Preises auslöst. Die größten Konkurrenten im wirtschaftlichen Sinne, aber auch in der Limbic Map sind die Discounter Aldi und Lidl. Marktforscher fanden heraus, dass Aldi von den Verbrauchern mit Begriffen wie Verlässlichkeit, Effizienz, Klarheit und Sparsamkeit assoziiert wird. Diese hoch emotionalen Werte sind im so genannten Balance- und Kontrollsystem des Gehirns positioniert und werden durch das Aldi-Konzept angesprochen. Ein begrenztes Sortiment, einfachste funktionale Ladenausstattung und Produktpräsentation, kontrollierte und absolut gleich bleibende Produktqualität kennzeichnen dieses Handelsunternehmen. Kernzielgruppe sind zunächst alle, die sparen müssen, weil ihr Einkommen begrenzt ist. In Deutschland sind das fast 15 Millionen Menschen. Aldi spricht darüber hinaus die Kundentypen Harmoniser, Traditionalisten und Disziplinierte an, aber auch Performer, die mit dem Aldi-Einkauf ihre Cleverness beweisen wollen. Die Aldi- Kundschaft ist im Durchschnitt älter als die des Konkurrenten Lidl. Mit einem erweiterten Non-Food-Sortiment und den damit verbundenen Preisaktionen aktiviert Aldi aber auch das Beute- und Jagd-Modul im Kopf der Kunden. Dadurch erhält die Marke Aldi eine gewisse Spannung, gleichzeitig werden auch jüngere Käuferschichten erreicht. Der Discounter macht sich gelegentlich aber auch andere Emotionsfelder zunutze. Als Aldi begann,

Computer in begrenzten Stückzahlen anzubieten, bildeten sich schon in der Frühe lange Warteschlangen vor den Filialen. Aktiviert wurde der Beutetrieb des Kunden, der sich im Dominanzfeld des Gehirn befindet (http://www.haufe.de/ profirma /DataCenter/News/1170694556.7/Downloads/14-25_pf10_TT_KAUFEN.04.df.pdf, S.5, Zugriff am 19.12.2009; Häusel 2008, S.224; Brandes 2003, S.53).

Der Gegenpol zu den Discountern ist das KaDeWe. Dieses Geschäft spricht die Performer und Hedonisten an. Diese haben eine starke Ausprägung im Dominanz- und Stimulanzsystem. Durch ein gigantisches Warenangebot mit hochwertigen und exklusiven Produkten bietet das KaDeWe den perfekten Einkaufsort für auf Performanz orientierte Einkäufer, die nicht auf das Geld achten und sich mit einem Einkauf im KaDeWe einen Statuszuwachs versprechen. Zudem wird dem Einkäufer exklusiver Service geboten. Die große Auswahl und die Erlebnisgastronomie bieten das perfekte Programm für den Hedonisten.

2.4. Codes, die Brücken ins Kundengehirn

Die Verknüpfung findet unter anderem mit Hilfe von Codes statt. Die Codes sind das Gesicht der Marke, also der Markenauftritt mit allen vom Kunden wahrnehmbaren Signalen, und bilden damit die Brücken zwischen den Marken und den Motiven (Held, Scheier 2006, S.64f. und S.98; Häusel 2007b, S.67 f.).

Das Code- Management beachtet die unterschiedlichen Kundenwünsche der angestrebten Zielgruppe und passt die Botschaften, die mit der gewünschten Markenpositionierung zusammenhängen, bis ins kleinste Detail an diese Wünsche der Kunden an. Neuropsychologische Forschungen belegen, dass es vier Träger von Bedeutung gibt, die als Codes bei der Implementierung einer Markenpositionierung zur Verfügung stehen (Häusel 2007b, S.67 f.).

1. Sensorische Codes sind alle sensorischen Erlebnisse, die in der Kommunikation vermittelt werden, wie die Farben, Formen, Geräusche, Lichtverhältnisse, die Typografie, die Haptik, also alles, was wir ganz konkret wahrnehmen, was unsere Sinne unmittelbar stimuliert.

2. Episodische Codes sind die erzählten Geschichten und gezeigten Episoden.

3. Symbolische Codes sind die Protagonisten (zum Beispiel Herr Kaiser), die Figuren, Gesten, Handlungsplätze, Marken-Logos und vieles mehr.

4. Sprachliche Codes sind das geschriebene oder gesprochene Wort.

Supermärkte nutzen diese Codes bspw. in Form von TV- und Radio- Werbung. Diese Form der Werbung ermöglicht es viele Codes anzuwenden. Der Discounter Lidl zum Beispiel erzählt in seinen Werbespots eine Geschichte (Episodische Codes). Es wird dargestellt, dass Lidlprodukte in jeder Lebenssituation eine Rolle spielen und jedem Ereignis eine positive Endung herbeiführen, sozusagen ein Happy End. Es gibt eine Vielzahl von Figuren in allen möglichen Altersklassen, die ein freudiges Erlebnis in Verbindung mit Lidlprodukten haben (Symbolische Codes). So vermischen Kinder Eis mit Ketchup und haben dadurch ein unvergessliches Experiment. Ein Geschäftsmann und ein Jugendlicher stehen in der U-Bahn mit einem Sechserpack Bier und erkennen dadurch eine Gemeinsamkeit, obwohl sie durch ihre sozialen Unterschiede in ihren eigenen Welten leben. Desweitern wird ein älterer Mann gezeigt, der einer etwa gleichalten Frau einen Apfel aufhebt und dadurch mit ihr ins Gespräch kommt und wie im Spot dargestellt seinen zweiten Frühling erlebt. Nach jedem Abschnitt im Werbefilm werden die laut Lidl günstigen Produktpreise eingeblendet, um zum Ausdruck zu bringen, dass Lidl alles sein kann außer teuer(Sprachliche Codes) (Lidl Werbespot). Lidl ist in der vorher beschriebenen Limbic Map im Bereich Balance zu positionieren und spricht mit der Tv Werbung größtenteils die Traditionalisten und Disziplinierten an. Desweiteren bietet Lidl in weiteren Werbespots Feinkostartikel zu geringen Preisen an.

Dies eröffnet eine weitere Käuferschicht, nämlich die preisbewussten Genießer (RTL Nachtjournal).

Um Kunden die Entscheidung leichter zu machen, nutzen Supermärkte weitere Werbemittel, wie beispielsweise Internetseite, Handzettel, Prospekte und Rabattcoupons(Sensorische Codes). Vier von fünf Konsumenten finden solche Prospekte in regelmäßigen Abständen in ihren Briefkästen vor. 70 Prozent der Verbraucher lassen sich bei ihrer Kaufentscheidung von Hand- und Werbezetteln beeinflussen. Bei weniger als 10 Prozent landet die Werbung unmittelbar im Papierkorb(http://www.gfk.com/group/press_information/press_releases/001010/ind ex.de.html, Zugriff am 02.01.2010.).

Als Beispiel dient hier Aldi Süd. Aldi Süd beherrscht das Spiel mit den Kundenmotiven. Aldi Süd präsentiert nach Themen gegliederte Angebote, fügt passende Bildelemente hinzu und spricht die Kundschaft emotional an und bietet dem Leser einen übersichtlichen, strukturierten Seitenaufbau. Dies führt dazu, dass der Aldi-Süd Prospekt innerhalb einer Studie als am seriösesten und der Inhalt als qualitativ hochwertigsten bewertet wurde (http://www.cp-monitor.de/ news/detail.php?rubric=News&nr=4498, Zugriff am 30.12.2009). Die verwendeten Begrifflichkeiten, wie seriös und hochwertig, entsprechen der Positionierung von Aldi in der Limbic Map in den Bereichen Diziplin Kontrolle und machen die Prospektwerbung dadurch so erfolgreich.

Zusammenfassend lässt sich sagen, dass Markenkommunikation keine neuen Bedürfnisse weckt, sondern versucht Marken mit bereits bestehenden Motiven zu verknüpfen. Je stärker und positiver die Verknüpfung mit den Emotionen des Konsumenten ist, desto höher ist die Chance den Kunden für einen Supermarkt zu begeistern. Schlägt diese Verknüpfung mit den Motiven fehl, scheitert auch die Marke, denn wird kein Motivfeld des Kunden angesprochen, gibt es auch keine Reaktion des Kunden, außer Ablehnung.

3. Der verführte Kunde

Viele Kaufentscheidungen des Kunden fallen erst am Point of Sale oder werden zumindest stark durch die Informationsvermittlung und Warenpräsentation innerhalb der Supermärkte beeinflusst. Dies sind die sogenannten Spontankäufe. Infolgedessen sind der Aufbau und die Struktur des Supermarktes entscheidend für die Vermittlung der Informationen, die zum Verkauf der Ware führen.

3.1. Aufbau und Gestaltung der Verkaufsfalle Supermarkt

Der häufigste zeitliche Ablauf des Konsumenten ist sein Tagesablauf, mit Frühstück, Mittag- und Abendessen. Mahlzeiten haben einen belohnenden Charakter und werden als Eckpunkte unseres Tages angesehen. Da dieser Ablauf täglich vollzogen wird, ist er im Unterbewusstsein automatisiert und in Form sogenannter Mental - Maps gespeichert. Der Kunde greift beim Einkauf auf diese Abfolge zurück, um seinen Einkauf zu strukturieren und zu beschleunigen. Aus diesem Grund hat der Kunde eine genaue Vorstellung, wie der Supermarkt optimal aufgestellt sein sollte. Daraus generieren Supermärkte ihren Vorteil, indem sie den Markt einerseits dem gewünschten gedanklichen Aufbau des Kunden anpassen, andererseits diese Automatismen gezielt durch unerwartete Hindernisse in Form von Produktpräsentationen unterbrechen. Ziel ist nämlich, den Kunden indirekt zu mehr Spontaneinkäufen und zu einer längeren Verweildauer zu bewegen, um den Umsatz des Marktes zu steigern (Häusel 2008, S.210 f. ; Schwartau, Valet 2007, S.7).

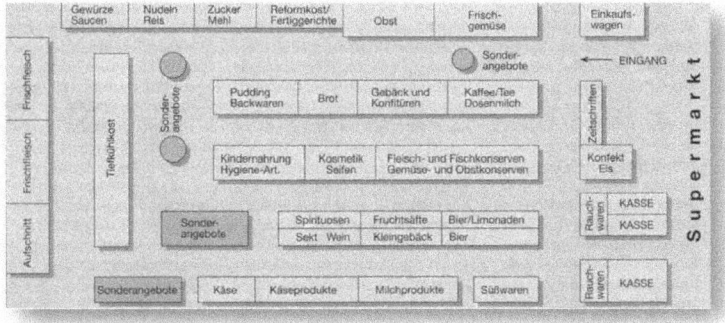

Abb.3 Der Aufbau des Supermarktes

Quelle:http://www.dolceta.eu/deutschland/Mod4/IMG/pdf/080707_Infotext_Verkauf
sstrategien.pdf, S.2, Zugriff am 20.12.2009.

Die Beeinflussung beginnt schon am Eingang, denn die Eingänge von Supermärkten liegen bewusst auf Bodenhöhe. Es gibt keine Stufen oder Schwellen und dies nicht nur aus dem Grunde, Älteren oder behinderten Menschen den Einkauf zu erleichtern, sondern damit sich Passanten beim Flanieren durch die Einkaufspassagen in der Menge und in Gedanken verlieren und sich unbewusst in den Markt begeben. Schwellen und Stufen stellen mentale Barrieren für die Konsumenten dar und würden die Kunden beim Betreten ausbremsen. Betritt der Kunde einen ihm unbekannten Supermarkt, bedeutet dies für ihn im ersten Moment eine Stresssituation. Sein Balancesystem wird aktiviert und der Konsument wird einen kurzen Augenblick im Eingangsbereich des Supermarktes verweilen, um sich Orientierung und Sicherheit zu verschaffen. Dieser Stress wird potenziert, wenn der Eingangsbereich mit Werbeartikeln unnötig zugestellt ist und dem Kunden die Sicht in den Markt versperrt. Diese Stresssituation spielt sich beim Kunden unterbewusst ab. Für den Supermarkt führt dies zu Umsatzeinbußen, da die Kaufbereitschaft des Kunden gehemmt ist. Dieses Problem wird durch eine klare und übersichtliche Marktaufteilung vermieden (Häusel 2008, S.208).

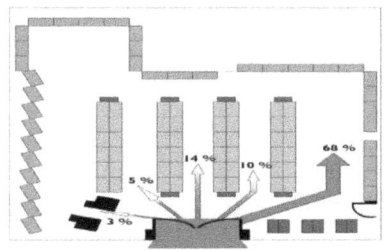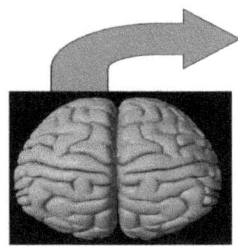

Abb.4 Der Rechtsdrall des Kunden Quelle: Häusel 2008, S.209.

Um das Wohlbefinden des Einkäufers zu steigern, liegt der Eingang auf der rechten Seite, da 68 Prozent der Käufer es bevorzugen, den Markt auf der rechten Seite zu betreten. Ein weiterer Vorteil für den Supermarkt liegt darin, dass der größte Teil der Bevölkerung Rechtshänder sind, deswegen wird der Kunde rechts in den Markt und gegen den Uhrzeigersinn durch den Markt geleitet, da er dann mit der Greifhand mehr Waren erreichen kann. Der Aufbau des Supermarktes folgt einem strikten Muster, um den Kunden zum Kaufen zu animieren. Meist zu Beginn befindet sich die Obst- und Gemüseabteilung. Sie signalisiert dem Kunden frische reine und gesunde Natur. Die vielfältigen Farben beruhigen den Kunden, versetzen ihn in eine entspannte Gemütslage und lässt ihn zudem langsamer an den Regalen vorbeigehen. Einer der für den Konsumenten wichtigsten zeitlichen Abläufe ist, wie in Punkt 4, sein normaler Tagesablauf mit Frühstück, Mittagessen und Abendessen. Auf die Obst- und Gemüseabteilung folgen der Frühstücks-, Mittags-, Abendessensbereich und zum Schluss die Kassenzone. Die Gänge zu und in diesen Bereichen haben eine Breite von ca. zwei Metern. Diese Gangbreite dient dazu, dass sich Einkaufswagen problemlos aneinander vorbeirangieren lassen, jedoch der Käufer nicht mit einem zu hohem Tempo durch den Supermarkt gelangen kann. Der Belegungsplan für ein Regal, in dem die Position jedes Produkts festgelegt wird, ist ein Kernpunkt der Verkaufsmaschinerie. Aus diesem Grund sind Plätze im Supermarktregal, welche auf Augenhöhe, also in 1,40 – 1,80 Meter Höhe liegen von Produktherstellern besonders begehrt, da Kunden alles, was auf Augenhöhe liegt, zuerst wahrnehmen. An dieser Stelle im Warenregal werden beispielsweise Neuheiten platziert, weil der Konsument diese erst kauft, wenn sie ihm sozusagen ins Auge stechen. In der Greifzone, die in

der Höhe von 60 cm bis 1,40 Meter liegt, fällt dem Kunden das Zugreifen besonders leicht. Hier stehen das Normalsortiment, bekannte Marken und natürlich auch Impulsartikel. Die Regalzone bis zu 60 cm Höhe wird Bückzone genannt. Nur ein geringer Teil der Kunden macht sich die Mühe sich zu bücken, um Waren anzuschauen. Hier verstecken sich allerdings die preiswerten Alternativen (http://www.dolceta.eu   /deutschland /Mod4/IMG/pdf/080707_Infotext_Verkaufsstrategien.pdf   S.1;   Zugriff   am 20.12.2009 Schwartau, Valet 2007, S.11f.).

Den letzten Abschnitt beim Einkauf im Supermarkt bildet die Kassenzone. Sinnvoll ist es, die Kassen am Eingang zu platzieren, da der Kunde somit seinen Rundgang durch das Geschäft vollführt und durch den gesamten Supermarkt geleitet wird. Die Kasse ist ein besonderer Punkt, denn es ist die letzte Erfahrung beim Einkauf und wird vom Kunden besonders bewertet. Lange Wartezeiten und unfreundliche Kassierer lösen beim Kunden Stress und Aggressionen aus. Diese Empfindungen wirken besonders nachhaltig und machen die vorherigen Bemühungen am Point of Sale zunichte. Supermärkte nutzen Warenpräsentationen, um den Kunden von der Wartezeit abzulenken. Desweiteren wird der Kunde zu Spontankäufen angeregt, denn diese machen bis zu fünf Prozent des Gesamtumsatzes aus (Held, Scheier 2006, S.13). Von Vorteil ist es, wenn die Ständer mit Zeitschriften und Regale mit Zigaretten, Süßigkeiten usw. so platziert sind, das der Einkäufer sie, ohne die Schlange zu verlassen erreichen kann. Es ist von Vorzug, die Regale im oberen Bereich mit Produkten für Erwachsene und in der Bückzone, die sog. Quengelware, d.h. Süßigkeiten, Kaugummis, für die Kinder zu verräumen (Held, Scheier 2006, S.166). Nach dem Bezahlen sollte es dem Kunden ermöglicht werden, seine Artikel in Ruhe einzupacken (Häusel 2008, S. 219).

Der Aufbau des Supermarktes bildet einen Teil vielfältiger Verkaufsstrategien. Weitere werden in den folgenden Punkten erläutert.

3.2. Angriff auf die Sinne am Point of Sale

Circa. 35 % aller Einkäufe sind fest geplant. Der Kunde weiß genau, welchen Artikel und welche Marke er kaufen will. Die verbleibenden 65% erfolgen spontan. Allerdings weiß der Kunde bei der Hälfte dieser Spontaneinkäufe, dass er ein Produkt aus einer bestimmten Kategorie kaufen wird, wie z.b. Waschmittel, jedoch noch nicht, für welche Marke er sich entscheiden wird, z.b. Ariel oder Persil. Die verbleibende andere Hälfte sind Spontaneinkäufe im eigentlichen Sinne, bei denen sich der Kunde häufig nach dem Einkauf wundert, warum er diese überhaupt eingekauft hat. Fast alle Spontankäufe sind ein Ergebnis von Sinneseindrücken. Um die Kunden zu mehr Spontaneinkäufen zu verführen, manipulieren Marketingstrategen die Supermarktatmosphäre, um so direkt auf das Kundengehirn einzuwirken. Dies geschieht unter Zuhilfenahme diverser verkaufsfördernder Maßnahmen, welche die Sinne ansprechen. (Häusel 2008, S.207; Rushkoff 2000, S.104).

3.2. 1. Im Auge des Betrachters

Vor nicht allzu langer Zeit entstand die Atmosphäre eines Geschäftes eher beiläufig und zufällig beim Ladenaufbau. Heutzutage sind sich die Händler der Bedeutung eines optimal eingerichteten Supermarktes bewusst. Das Raumdesign bietet dabei vielfältige Beeinflussungsmöglichkeiten, unter anderem die Farbgebung des Innenraums, Einrichtungsgegenstände, Beleuchtung, Musik, Gerüche und vieles mehr. Die Atmosphäre ist somit ein multisensuales Erlebnis. Beim Menschen ist der Sehsinn der leistungsfähigste Sinn von allen. Er liefert die meisten Informationen an das Gehirn. Produkthersteller beeinflussen den Kunden schon seit Jahren mit immer schöneren und ausgefalleneren Verpackungen und versuchen dadurch dem Kunden ins Auge zu stechen. Nun wird auch der Supermarkt zum Blickfang. Farbgestaltung und Beleuchtung des Geschäftes haben eine direkte Wirkung auf den Kunden. Rot wirkt stimulierend und aktivierend, Gelb macht fröhlich, Blau und Grün sind eher beruhigend und entspannend. Diese Farbwirkung hat indirekte psychologische Wirkung auf das Kaufverhalten des Kunden. Eine grün und blau gestaltete

Umgebung ist bei teueren Artikeln von Vorteil, da eine entspannte Atmosphäre vermittelt wird. Die Verwendung von warmen Farben wie Rot und Gelb empfiehlt sich bei Impulsartikeln und Angeboten, da diese Farben anziehend wirken und die Kundschaft sie eher bemerkt. Bei der Warenpräsentation gilt, dass ein Produkt gut wahrgenommen wird, wenn das Produkt eine Breite von ca. 30 cm hat. Ist das Produkt schmaler, ist es von Vorteil, mehrere gleiche Produkte nebeneinander zu stellen(Häusel 2008, S.215). Massenpräsentationen, die sog. Wühltische, suggerieren dem Kunden, dass das Produkt günstig ist, weil das Produkt in einer großen Menge vorhanden ist und er sich dadurch einen günstigen Preis verspricht. Versuche haben gezeigt, dass auch, wenn das Produkt teuerer als in anderen Geschäften ist, der Abverkauf steigt, sobald es in einer Massenplatzierung angeboten wird (Häusel 2008, S.212). Rote Preisschilder haben eine ähnliche Wirkung wie die vorher angeführte Massenpräsentation. Das rote Preisschild springt dem Kunden sofort ins Auge und suggeriert ihm Preisaggressivität. Damit verbindet der Kunde, dass der Preis radikal reduziert wurde und wird so zum Kauf getrieben (Häusel 2008, S.213).

3.2.2. An der Nase herumgeführt

Das Umschmeicheln der Kundennase kann bei optimaler Anwendung wahre Wunder bewirken. So kann beispielsweise eine Bäckerei ihren Umsatz um bis zu 30% erhöhen, wenn sie ihren Brötchenduft durch Ventilatoren auf die Straße bläst. Dieses Prinzip funktioniert auch im Supermarkt. Immer häufiger sind Bäckereien in Supermärkten anzufinden. Der Geruch frisch gebackener Ware soll das Wohlbefinden der Kundschaft und somit ihre Kaufbereitschaft steigern und erweitert zusätzlich noch das Sortiment. Bei der Verweildauer spielt die Nase eine große Rolle. Störende Gerüche senken die Kauflust und verringern die Verweildauer des Kunden. Um diese Probleme zu beseitigen, hat sich eine Geruchsindustrie entwickelt. Geruchsdesigner kreieren Düfte, welche durch spezielle Klimaanlagen in den Bereichen des Geschäftes verbreitet werden. Im gesamten Laden wird der Luft ein leichter Frische- und Naturduft beigemischt, damit dem Kunden suggeriert wird, er befände sich in einer gesunden Umgebung. Dies führt zu einer bis zu fünf Prozent

längeren Verweildauer. Spezielle Aromen, wie Blumendüfte und Vanillegeruch, fördern die Kauflust bei Frauen. Bei Männern wirken eher würzige Aromen. Wird hingegen die Konzentration der Aromen in der Luft zu stark, wird dies von den Kunden als störend empfunden und hat die umgekehrte Wirkung (http://www.60pro.de/web/finanzen/hintergrund/-/content_viewer_single/article/FINANZEN-VERBRAUCHER-HINTERGRUND-1217864166090, Zugriff am 14.12.2009; Häusel 2008, S.218).

3.2.3. Kassenschlager

Musik hat körperliche und seelische Auswirkungen auf den Menschen. Die Klangeigenschaften eines Musikstückes, wie Rhythmik, Melodik, Harmonie und Lautstärke, wirken auf den Menschen. Dabei sind schnelle Musiktitel belebend und langsame beruhigend. Diese suggestive Wirkung auf den Menschen machen sich Supermärkte in Form von Hintergrundmusik zu Nutze. Das Bestreben ist es, die Stimmung des Kunden in eine positive Richtung zu lenken und ihn so zum längeren Verweilen im Geschäft anzuhalten und ihn für Werbebotschaften empfänglich zu machen (Warmbier 2008, S.180). Weitere Effekte sind die Überlagerung störender Umgebungsgeräusche wie auch die Vermeidung einer bedrückenden Stille. Die Musikauswahl richtet sich nach dem Alter der Kunden und ihren Einkaufszeiten. Morgens gehen eher Rentner einkaufen, dementsprechend werden mehr Oldies gespielt. Mittags, wenn die Schulkinder aus der Schule kommen, wird die Musikauswahl moderner. Am späten Nachmittag und Abend werden für die gestressten berufstätigen Einkäufer gemäßigte, ruhige Melodien ausgewählt. Gespielt werden ausschließlich bekannte Titel. Bei neueren Musikstücken wird darauf geachtet, dass es sich um simple musikalische Strukturen handelt. Hohe Lautstärkeschwankungen werden vermieden, ebenso große Tonhöhenunterschiede. Der Lautstärkepegel bewegt sich zwei bis drei Dezibel über dem Pegel der Geräuschkulisse des Supermarktes. Optimal ist es, wenn die Musik erst bei bewusster Aufmerksamkeit wahrgenommen wird. Es zählt allein die unmittelbare Wirkung, eine Informationsverarbeitung auf höherer Ebene wird nicht erwünscht.

Dies soll dazu führen, dass der Aktivierungszustand des Kunden ein gesundes Mittelmaß erreicht und er nicht von der Musik abgelenkt wird (http://www.zeit.de/zeit-wissen/2005/04/Muzak.xml, Zugriff am 19.12.2009; http://www.welt.de/welt_print/article1892633/Verfuehrung_zum_Konsum.html, Zugriff am 20.12.2009.).

3.2.4. Probieren geht über studieren

Degustationen, die Verkostungen, sind eine preiswerte Methode der Kundenmanipulation. Eine Verkostung wie, Schokoriegel, ein Stück Kuchen, eine Scheibe Wurst, oder ein kleiner Cocktail mit Zutaten aus dem Supermarkt, sind vielversprechende Kostproben um die Käufer auf den Geschmack zum bringen und letztendlich zum Kauf zu verleiten.

4. Supermärkte erreichen das Level der Zukunft

Bei der Supermarktgestaltung ist auf eine aktivierende Struktur und Orientierungsfreundlichekeit zu achten. Einen positiven Effekt bieten dabei überraschende und abwechslungsreiche Elemente, die den Kunden beim Einkauf faszinieren und damit die erlebnisorientierten Kunden anziehen. Um die Käuferschicht anzusprechen, für die der Einkauf nur Mittel zum Zweck ist zu gewinnen, ist eine klar strukturierte und leicht verständliche Ladenstruktur von Vorteil. Durch die Anpassung der Märkte an bestimmte Kundentypen, steigt die Kundenzufriedenheit und dementsprechend erhöht sich auch die Bindung des Kunden an den Supermarkt. Desweiteren wird durch die Anwendung psychologischer Erkenntnisse am Point of Sale der Spontaneinkauf gefördert. Somit steigen der Abverkauf von Waren und auch die Umsätze. Die Zukunft der Supermärkte hat, was einige sehr erfolgreiche Testläufe bereits gezeigt haben, begonnen. Die verschiedensten Supermarktketten greifen ab jetzt auf die Allzweckwaffe Technik zurück. Die herkömmlichen Marketing- und Psychologiestrategien, die bereits in Punkt 4 erläutert wurden, bekommen jetzt durch

die Technikkomponente einen starken Verbündeten, um die Käufer in die Läden zu locken. Das Prinzip, welches verfolgt wird, ist folgendes: Dem Kunden soll das Einkaufen mithilfe technischer Ausstattung erheblich erleichtert werden. Dies beginnt schon beim Einkaufswaagen, welcher mit einen Touchscreen Computer ausgestattet ist. An diesem ist ein Produktscanner angeschlossen und ist somit die persönliche Einkaufsberatung des Kunden. Durch Einscannen eines Produktes, welches der Kunde kaufen möchte, erhält er verschiedene Informationen über den jeweiligen Artikel und eine Zwischensumme über den bisherigen Einkauf. In der Obst- und Gemüseabteilung lässt sich eine weitere technische Veränderung zu entdecken. Die sogenannte intelligente Waage, welche mit einer kleinen Kamera ausgestattet ist, womit sie Obst und Gemüseprodukte erkennt und dem Kunden den Preis dieses Produktes mitteilt. Ebenfalls sehr innovativ ist das Wein-Terminal. Ein Weinkenner in Computerform verrät dem Kunden alles, was er über die verschiedensten Weine aus den verschiedensten Ländern wissen sollte. Hat der Kunde einen Wein ins Auge gefasst, welcher im gefällt, braucht er nur die Funktion Regalstandort anklicken. Der Standort des gewünschten Weines wird dann mithilfe eines Beamers vor dem Regal in Form eines Lichtkegels markiert. Die letzte wesentliche Änderung in den sogenannten Future Stores verbirgt sich bei den Kassen. Hier hat der Kunde die Qual der Wahl. Er kann auf die herkömmliche Art und Weise bezahlen, auf die jetzt nicht näher eingegangen wird, oder er kann zwei vollkommen neue Möglichkeiten wahrnehmen. Die erste wäre die sogenannte Selbstbedienungskasse. Hier scannt der Kunde seine eingekauften Waren selber ein, und packt sie in eine bereitgestellte Tüte, unter der sich eine Waage befindet. Somit lässt sich evtl. Missbrauch vermeiden. Oder der Kunde nimmt die zweite Neuerung wahr. Hierzu müsste er allerdings den am Anfang dieses Punktes beschriebenen Einkaufsberater benutzt haben. Der würde dann an der Kasse von einer Mitarbeiterin eingelesen werden, die dann auch den fälligen Betrag kassieren würde (http://www.schulemachtzukunft2006068.de/media/projektbericht_future.pdf, Zugriff am 19.12.2009.).

5. Fazit

Wie die vorliegende Arbeit gezeigt hat, ist die Entscheidung des Kunden für einen bestimmten Supermarkt sehr komplex und vielfältig. Hierbei stellte sich heraus, dass das Standard Marketing für Supermärkte nicht mehr ausreichte. Deswegen entstand in den 70iger Jahren eine neue Ausrichtung des Marketings für Supermärkte. Wie der Punkt 2. deutlich macht, spielt die Psychologie des Kunden eine tragende Rolle für die Supermärkte und ihre Marketingexperten. Sie kommen nicht drum herum, sich mit den Wünschen des Kunden ausgiebig zu befassen, um die Abverkaufszahlen ihrer Waren zu maximieren. Dementsprechend ist das Neuromarketing als ein Leidfaden für erfolgreiches Diskountermarketing zu verstehen. In der Überschrift des Punkt 2. wurde salopp der Knopf im Kopf des Kunden benannt. Dies ist mehr als eine Wunschvorstellung eines jeden Supermarktes zu verstehen. Denn diesen Kaufknopf im Kopf des Kunden muss man in aller Deutlichkeit sagen, gibt es nicht und wird es aller Voraussicht auch niemals geben. Dafür ist jeder einzelne Kunde zu verschieden und der Mensch als Ganzes zu individuell. Dennoch ist, wie bereits erwähnt, das Neuromarketing die erfolgversprechendste Strategie, um den Kunden bei der Entscheidung für einen Supermarkt zu beeinflussen, da es hilft den Kunden bzw. Menschen besser zu verstehen. Durch diese neu gewonnen Erkenntnisse richteten sich die Supermärkte neu aus, um den Kunden für sich zu gewinnen und langfristig zu binden. Hierzu dienen der Aufbau des Supermarktes und die vielfältigen Strategien, die ausführlich in Punkt 3. beschrieben wurden. Demnach zeigte sich, dass ein optimaler Aufbau des Point of Sale verkaufsfördernd ist und sich dadurch der Kunde zu spontanen Käufen verleiten lässt. Es wurde deutlich, je wohler sich der Kunde im Supermarkt fühlt und je mehr auf seine Vorstellungen und Wünsche eingegangen wird, desto mehr kauft er. Dieser Wohlfühlfaktor wird mit raffinierten Tricks erreicht, die der Kunde nicht als Verführung ansieht, sondern eher als eine Versicherung für Qualität und Klasse des Supermarktes und seiner angebotenen Waren. Innerhalb dieser Arbeit wird auch deutlich, dass die Punkte 2. und 3. sehr eng beieinander liegen und letztendlich gar nicht zu trennen sind, um erfolgreiches Supermarkt bezogenes Marketing betreiben zu können.

Abschließend ist aber zu sagen, dass die Entwicklung des Supermarktmarketings noch lange nicht am Ende ist, wie der Punkt 4.verdeutlicht hat. Punkt 4. gibt einen Einblick in die Zukunft der Supermärkte, aber man kann mit Fug und Recht behaupten dass diese Zukunft bereits begonnen hat. Diese Stores bzw. neumodischen Supermärkte bilden nur die Vorhut für die neuartigen Kunden, deren Bedürfnisse wahrscheinlich noch weiter steigen werden.

6. Literaturverzeichnis

BRANDES, D., Die 11 Geheimnisse des Aldi- Erfolgs, Frankfurt/ Main 2003.

FUSS, H., Die Diktatur der sanften Klänge, http://www.zeit.de/zeit-wissen/2005/04/Muzak.xml, Zugriff am 19.12.2009.

GESTMANN, M., Auf der Suche nach dem Knopf, http://www.haufe.de/profirma/DataCenter/News/1170694556.7/Downloads/14-25_pf10_TT_KAUFEN.04.df.pdf, Zugriff am 19.12.2009.

GRANITZA,E., Verführung zum Konsum, http://www.welt.de/welt_print/article1892633/Verfuehrung_zum_Konsum.html, Zugriff am 20.12.2009.

HÄUSEL, G., Brain view, München 2008.

HÄUSEL, G., Limbic: Der direkte Weg ins Gehirn des Konsumenten, http://www.marketingclubberlin.de/content/view/165/148, Zugriff am 15.12.2009.

HÄUSEL, G., Limbic success, München 2007a.

HÄUSEL, G., Neuromarketing: Erkenntnisse der Hirnforschung für Markenführung, München 2007b.

HELD, D., SCHEIER, C., Wie Werbung wirkt, München 2006.

Institut für Ökonomische Bildung, Verkaufsstrategien im Supermarkt, http://www.dolceta.eu/deutschland/Mod4/IMG/pdf/080707_Infotext_Verkaufsstrateg ien.pdf, Zugriff am 20.12.2009.

JANA93,CYBERDIANA, Ausflug zum Future-Store, http://www.schulemachtzukunft2006-068.de/media/projektbericht_future.pdf, Zugriff am 19.12.2009.

LANGHAUSER MARTIN, Handzettel am werbewirksamsten, http://www.gfk.com/group/press_information/press_releases/001010/index.de.html, Zugriff am 02.01.2010.

Lidlwerbespot,http://www.lidl.de/cps/rde/xchg/lidl_de/hs.xsl/52737.htm, Zugriff am 21.12.2009.

O.V., Verkaufspsychologie im Supermarkt, http://www.60pro.de/web/finanzen/hintergrund/-/content_viewer_single/article/FINANZEN-VERBRAUCHER-HINTERGRUND-1217864166090, Zugriff am 14.12.2009.

O.V., MediaAnalyzer: Aldi Süd glückt das Spiel mit Emotionen und Themen, http://www.cp-monitor.de/news/detail.php?rubric=News&nr=4498, Zugriff am 30.12.2009.

RUSHKOFF, D. Anschlag auf die Psyche, Stuttagrt München 2000.

SCHWARTAU, S., VALET, A., Vorsicht Supermarkt, Reinbeck bei Hamburg 2007.

SCHWEDT, G., Vom Tante-Emma-Laden zum Supermarkt, 1. Auflage, Weinheim 2006.

WARMBIER, W., Der programmierte Kunde, gebundene Ausgabe, Berlin 2008.

Videos

RTL Nachtjournal, http://rtlnow.rtl.de/nachtjournal.php?container_id=32477&player=1&season=0, Zugriff am 30.12.2009.

Lidl Werbespot, http://www.lidl.de/cps/rde/xchg/lidl_de/hs.xsl/52737.htm, Zugriff am 21.12.2009.

Lightning Source UK Ltd.
Milton Keynes UK
UKHW010858070223
416609UK00007B/1914

9 783640 766543